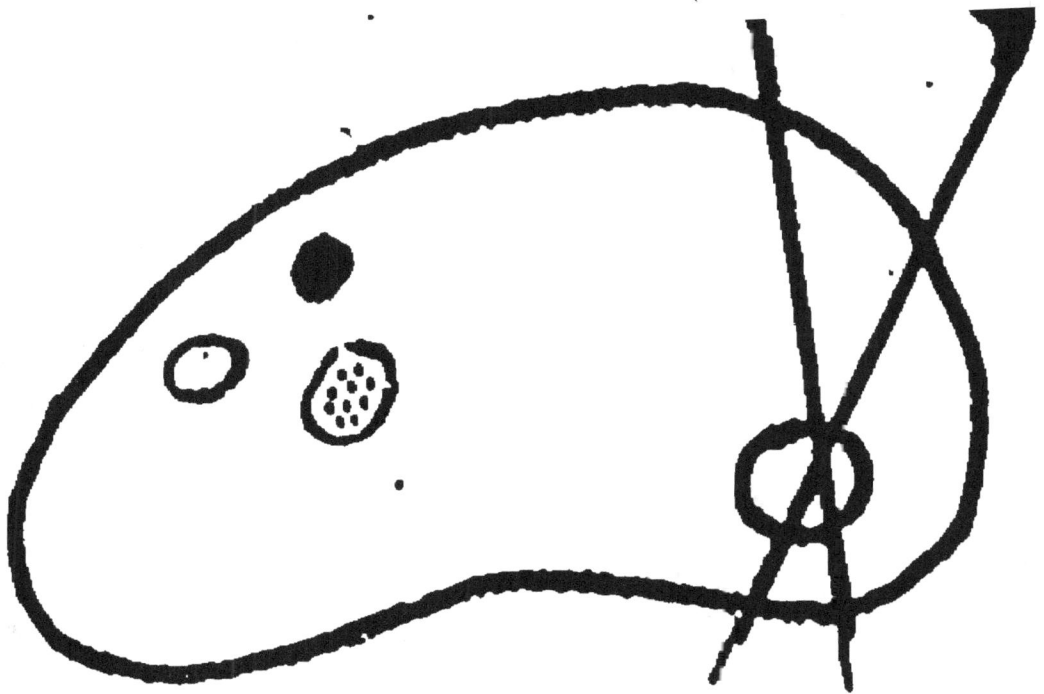

Couvertures supérieure et inférieure
en couleur

LA FONTAINE DE SEPT FONDS

BIBLIOTHÈQUE
de l'Adolescence et du Jeune Age,

publiée avec approbation
de Monseigneur l'Evêque de Limoges.

IN-18 — 3ᵉ SÉRIE.

LA FONTAINE

DE

SEPT-FONDS

PAR

M. A. DE BARRAL.

LIMOGES
F. F. ARDANT FRÈRES,
7, Avenue du Midi.

PARIS
F. F. ARDANT FRÈRES,
4, quai du Marché-Neuf.

DÉPOT LÉGAL.
HAUTE-VIENNE.

LA FONTAINE DE SEPT-FONDS.

Levroux est une assez jolie petite ville du Bas-Berry. Elle date de loin et en est fière. Ses fossés d'enceinte encore assez visibles, sa porte du xve siècle, quelques maisons en bois sculpté et surtout sa magnifique église gothique lui donnent un cachet tout particulier. Elle peut offrir de l'intérêt au voyageur, à l'artiste et à l'antiquaire. Les Romains y ont laissé un théâtre qui est depuis peu presque complétement détruit. Elle s'étend au pied d'une haute colline où s'élevait croit-on, l'ancienne cité gauloise des *Abvdos*. Les ruines d'un château gothique couronnent gracieusement maintenant la petite montagne au nord de la ville.

A l'est est une large fontaine nommée la fontaine de Sept-Fonds (1) qui donne naissance à une petite rivière du même nom.

Au xii⁰ siècle, dans l'enceinte même de la ville, près de l'église actuelle, s'élevait un vieux château qui la défendait, car Levroux était une place de guerre assez importante pour que les Français et Anglais se la soient disputée. Ce qui démontrerait l'existence de ce

(1) Ou Céphons, comme quelques-uns écrivent.

château, à défaut d'autres preuves, c'est que, jusqu'à la Révolution de 89, la ville était divisée en deux justices : la justice de Château-Neuf, c'est-à-dire du seigneur dont le manoir était sur la colline, hors des murs, et la justice de Château-Vieux dans la partie Sud et Est de la ville et dont était seigneur le chapitre de chanoines fondé par Raoul-le-Noble, sire de Châteauroux.

Or, en l'an 1188, Levroux, bon gré malgré elle, place anglaise, avait l'honneur d'être assiégée par Philippe-Auguste en personne.

L'année précédente une trêve avait été conclue entre Henri II et Philippe-Auguste, et le Berry avait cessé pour quelque temps, d'être le théâtre des sanglants exploits des armées. Au mois de janvier 1188, les deux rois même avaient pris la croix à la conférence de

Gisors. Mais bientôt un prétexte ranima la querelle. Au mois de mai Philippe ayant assemblé une armée aux environs de Bourges vint assiéger Châteauroux qui se rendit. Buzançais, Argenton eurent le même sort, et au mois de juin le roi vint planter ses tentes devant Levroux.

Une sécheresse et une chaleur extraordinaires régnaient depuis quelque temps, la fontaine des Sept-Fonds et la rivière étaient taries. Les hommes et les chevaux souffraient extrêmement.

Le roi de France avait formé à la hâte son armée dans le Berry, elle contenait donc grand nombre de berrichons même du bas-Berry. Un des soldats avait sa fiancée à Levroux, à Levroux dont les portes étaient fermées et les remparts occupés par les Anglais. Le pauvre Silvain souffrait de cette situation, il était inquiet et il était de ceux qui désiraient le plus ardemment enfoncer les murailles et rendre libres les habitants de Levroux.

Rodaine, fiancée depuis quelques mois déjà à Silvain, était une charmante jeune fille de vingt ans appartenant à une bonne famille de marchands très à l'aise mais dont la guerre paralysait les affaires pour le moment. La pauvre enfant priait pour son fiancé et demandait à Dieu d'éloigner de lui les flèches de ces maudits Anglais. Elle demandait, avec non moins d'ardeur, le succès des armes françaises, la délivrance de son pays et la gloire de son roi.

Depuis que cette terrible sécheresse affligeait l'armée et les campagnes de Levroux, Rodaine avait deux préoccupations. Sa nourrice qui habitait une maisonnette à une petite distance de la ville, souffrait peut-être et Silvain était dans le même cas. Dans l'intérieur de la ville, on avait moins de privations : quelques puits très profonds n'étaient point taris et les gens aisés au moins savaient bien cacher et dérober aux gosiers anglais des tonneaux du vin de la dernière récolte. Rodaine aurait bien voulu soulager ces deux détresses... mais comment faire ?... D'ailleurs, eût-elle pu sortir, la décence permettait-elle à une jeune fille d'aller porter à boire à un soldat au milieu du camp français ?

Ces pensées attristaient la pauvre Rodaine ; elle ne retrouvait un peu de gaîté que dans la société de son intime amie Hélionne, jeune demoiselle de son âge. Ce qui alimentait surtout la conversation c'étaient des plaisanteries sur deux bons anglais de la garnison de

Levroux. Le gros Tom avait jeté son dévolu sur Rodaine et, malgré son patriotisme, il voulait unir son sort à celui d'une française. Il obsédait Rodaine de ses prévenances, de ses sourires. Quand il passait sous ses fenêtres avec son uniforme et qu'il redressait sa courte taille, Hélionne ne tarissait pas et riait aux larmes. Mais Rodaine le lui rendait bien lorsqu'on voyait apparaître, au bout de la rue, l'immense William long de deux perches l'une au bout de l'autre et gros comme l'une d'elles, avec sa tête ovale qui atteignait presque le bord des toits, avec ses moustaches rousses et pendantes et son nez agréablement bourgeonné. C'était à Hélionne que s'adressaient ses gracieux saluts et ses sourires. Bien entendu que ni l'une ni l'autre n'étaient touchées de tant d'assiduités et n'avaient envie d'avoir pour maris ces deux types saxons et de s'en aller, outre Manche, habiter au milieu des brouillards de la Tamise.

Un jour il vint à Rodaine une idée lumineuse et elle l'a communiqua à Hélionne. A elles deux elles épièrent le moment où les deux officiers anglais, ou au moins l'un d'eux, seront de service à la porte de Champagne et elles tâcheront d'obtenir qu'on l'ouvre à Rodaine.

La porte de Champagne est celle qui regarde le Midi. On la nomme ainsi parce qu'elle est située du côté des grandes plaines nues qui s'étendent au Sud et à l'Est et que l'on nomme Champagne, en opposition avec le côté Nord et Ouest appelé Bois-Chault, pays accidenté et boisé. Cette porte de Champagne existe toujours, ce n'est plus celle du temps de Philippe-Auguste, mais celle qui a fait partie de l'enceinte de remparts construits au xv° siècle. C'est un des plus précieux restes du vieux Levroux, qui hélas ! a vu tant de curieuses ruines disparaître avec leurs souvenirs. Elle était, du temps de Philippe-Auguste, protégée; comme celle du xv° siècle, par le large fossé, par son pont-levis, sa herse et ses machicoulis. Le corps de garde y était attenant et faisait face à un cabaret assidûment hanté par les soldats anglais.

Un jour Rodaine et Hélionne apprirent que le bon Tom et le grand William étaient là. Elles s'y dirigèrent suivies de la servante de Rodaine qui portait une grande pinte pleine d'eau tandis que les deux demoiselles étaient chargées chacune d'une cruche remplie de vin.

A cette vue les deux anglais, étonnés

et ravis, s'empressèrent de présenter leurs hommages à ces belles. Tom fit un gracieux salut et un sourire qui fendit sa bouche jusqu'aux oreilles, William se courba tout d'une pièce et sa tête alla presque heurter les cruches de vin.

— Mon Dieu !... qu'est-ce que cela signifie, jeunes miss, à qui en avez-vous ?...

— Mais c'est à vous, messieurs, dit Hélionne.

— Comment croire à tant de bonheur ?... et ces pintes de vin à qui les destinez-vous ?...

— Mais à vous vraiment.

Les deux faces anglaises laissèrent lire l'étonnement et surtout rayonnèrent de la joie la plus naïve; jamais ils n'auraient osé rêver de pareils succès.

— Eh !... oui, dit Rodaine, nous avons pensé que, par ce soleil brûlant et cette mortelle sécheresse, un verre de notre vin de France vous ferait plaisir et voici un broc, celui de mon amie Hélionne, qui est tout pour vous.

William joignit les mains, leva les yeux au ciel et balbutia des remerciements étouffés par l'émotion. Tom salua mais se hâta de demander à qui étaient destinées les deux autres cruches.

— Celle-ci, dit Rodaine en riant et en montrant la cruche d'eau, n'est pas à votre adresse... de l'eau !...

Les deux officiers firent en souriant une moue significative.

— Elle est destinée ainsi que le broc de vin que je tiens, à ma vieille nourrice qui demeure là-bas, voyez-vous, à un quart de lieue d'ici.

Et Rodaine, à   herse, mon-

2

trait la campagne parsemée de maison-
nettes.

Les deux anglais se regardèrent stu-
péfaits.

— Voilà qui est fort !... là-bas !... et
vous voulez aller là-bas ?... vous avez
donc été trouver le gouverneur et vous
avez un laissez-passer ?...

— Du tout... du tout, dit Héllonne,
mais vous M. William, vous M. Tom,
est-ce que vous n'êtes pas assez puissants
pour nous faire ouvrir ?

— Diable !... diable !... s'écrièrent
les anglais en se grattant l'oreille, ces
jeunes filles ça ne doute de rien. Impossible, aimables et chères demoiselles,
nous sommes esclaves de la consigne,
c'est le cœur navré que nous refusons.

— Voyons, soyez bons et aimables,
dit Rodaine en souriant à Tom.... sir
Tom vous si parfait gentleman !...

— Et le commandant... notre supérieur... qui est là, là dans le cabaret à se rafraîchir !... tenez, il sort.

— Et il part.

— Oui, mais il peut revenir... d'ailleurs notre devoir.

— Voyons, dit Hélionne, votre devoir, en gentils chevaliers, est d'abord d'accepter ce verre de vin et puis nous verrons.

William subjugué accepte avec empressement, Tom moitié souriant moitié sévère accepte aussi. Le vin du cru n'était pas mauvais; un second coup fait son effet : les deux officiers ne songent plus guère à *leur devoir*, ils jasent, sourient, plaisantent, tournent le plus galamment possible, de tendres compliments. Les verres ne désemplissent pas, la cruche d'Hélionne devient légère, mais c'est surtout William qui y fait honneur. Ses yeux clignotants n'auraient plus reconnu un anglais d'un français ; Tom était un peu moins lancé.

En ce moment une troupe d'archers anglais, armés jusqu'aux dents, venait du fond de la rue et se préparait à franchir la porte de Champagne pour faire une petite sortie ou plutôt une reconnaissance vers la partie ouest extérieure des remparts. On donne des ordres, la herse se lève, le pont-levis est abaissé, on se range le long des maisons pour laisser passer les archers.

Rodaine fait un signe à Héllonne. Celle-ci, agaçante et riante, accapare Tom et lui verse une rasade. Pendant ce temps, la troupe franchissait le pont. Rodaine et sa servante se jettent au milieu des derniers rangs et les voilà au delà de la porte, saluées par les rires et les bons mots des soldats qui les croient bien certainement munies d'une permission en règle. Le pont-levis est relevé, la porte se referme, les archers tournent à droite tandis que Rodaine et sa suivante franchissent vivement l'espace droit en face d'elles, c'est-à-dire au Midi se dirigeant vers les chaumières dont nous avons parlé.

Dire la surprise, la peur, l'indignation du brave Tom est impossible; les mots de traîtresses, de perfides volent sur ses lèvres avinées. En même temps un officier supérieur lui pose la main sur le bras; dans la bagarre, Héllonne, bien entendu, s'est esquivée et elle rentre chez elle par une ruette détournée. — Le commandant arrivé un peu trop tard, avait vu Rodaine s'éloigner et il avait tout compris : il déchargea son courroux sur Tom qui balbutie, rejetant les torts sur William. Quant à celui-ci il n'est plus capable de répondre aux dures interpellations de son supérieur. Collé, droit comme un i, le long du mur, les bras pendants, il soulève à peine ses mains l'une après l'autre en signe de réponse, ses yeux roulent larmoyants et ses lèvres remuent sans pouvoir prononcer un mot. Un effort pour s'avancer vers son chef ne fit que le faire glisser et asseoir par terre.

— A demain ! dit le commandant furieux, qu'on le porte, en attendant, au corps de garde... et vous, monsieur Tom, restez pour continuer votre service, si vous êtes encore capable et à demain aussi... nous déciderons si votre inqualifiable conduite ne mérite pas plus que les arrêts.

Tom était foudroyé. Malheur sur malheur ! trahison d'un côté, conseil de guerre de l'autre ! oh ! ces perfides, ces rouées françaises !... Et encore était-ce là le pire des malheurs ?... hum ! cette petite Rodaine ne va-t-elle vraiment que chez sa nourrice ?...

Le gros officier, oubliant tout le reste, s'élance à gauche dans le chemin de ronde et, du haut du rempart, explore la campagne. Il aperçoit Rodaine au moment où elle entre en effet chez sa nourrice. Un gros soupir d'allégement s'échappe de sa poitrine ; mais faut-il se fier à ses jeunes filles, à ces françaises ?... hélas ! quelques instants après, voilà Rodaine qui sort et... ô horreur !... au lieu de revenir vers les murs de Levroux, elle tourne à l'Est vers le camp français, vers les tentes qui environnent la tente royale ; et là, dans les rangs français, Tom le sait, il y a le fiancé de Rodaine !... Abomination et désolation !... Tom trépigne, gesticule, montre le poing, fait des signes menaçants à Rodaine qui finit par l'apercevoir et qui rit.... la malheureuse !... le cœur de bronze !...

Rodaine eut bientôt rencontré son fiancé. Dire l'étonnement, la joie, la reconnaissance de celui-ci est bien superflu. Il faisait, en ce moment, un contraste très réjouissant avec le désolé, le mystifié sir Tom. La moitié de la cruche d'eau et du broc de vin parut à Silvain du nectar. Il était rendu à la vie, et il se disait qu'avec un cœur comme celui de Rodaine, l'avenir lui promettait des jours filés d'or et de soie.

Mais le jour baissait déjà, il fallait revenir. Rodaine n'était pas sans inquiétude, Silvain non plus, il n'osait même communiquer à sa fiancée ce qu'il pensait. La jeune imprudente conservait encore l'espoir de retrouver sir Tom à la

porte, de l'apaiser et de se faire ouvrir.

Elle franchit vite la distance accom-
pagnée de loin, par Silvain et quelques
amis désireux de voir ce qui allait arri-
ver.

Hélas ! en dedans de la porte, se te-
nait raide et sévère le fier commandant
derrière lequel se cachait la mine décon-
fite de sir Tom. Le commandant, à tra-
vers la herse, n'eut que des mots durs
et froids pour la pauvre fille, c'est bien
juste s'il ne la traita pas d'aventurière.
Il lui reprocha rudement son escapade
et soutint que l'intérêt de la défense ne
lui permettait pas de recevoir dans les
murs de Levroux une femme qui venait
de se mettre en communication avec
l'ennemi.

Sir Tom qui, malgré son courroux,
ne se souciait pas de voir la perfide Ro-

daine retourner d'où elle venait, insista auprès du commandant.

— Vous êtes bien coulant aujourd'hui, sir, dit le commandant, mais nous connaissons la cause de votre indulgence.

— Je... je... n'ai d'autre intérêt que celui de la vérité.

— Ha !... et si cette demoiselle a été raconter là-bas ce qui se passe ici... et si elle a reçu des instructions... si elle nous trahissait?... hein?... sir Tom.

— Trahir !... oh ! elle en est incapable.

— Hum !... sir Tom, ne vous y fiez pas, dit en riant le commandant... enfin mademoiselle peut retourner chez sa nourrice ou au camp, elle ne sera pas reçue ici.

Rodaine pleurait et se lamentait, la servante bleuglait.

— Ma belle enfant, on avertira vos

parents de vos jolies prouesses et de votre position, voilà tout ce que je puis faire pour vous, dit l'inflexible commandant.

— C'est absurde !... s'écria, en jurant, sir Tom.

— Ah ! très bien... qu'on emmène monsieur, dit le commandant en se tournant vers les soldats. Sir Tom, vous êtes aux arrêts d'abord, puis nous verrons.

Sir Tom s'éloigna tout en jetant vers la herse le regard le plus désolé et en montrant une mine si larmoyante que ceux qui étaient là ne purent réprimer un accès d'hilarité partagé même par le sévère commandant.

Rodaine s'en retourna tristement à la maison de sa nourrice, consolée un peu et réconfortée par les bonnes paroles de Silvain.

Ce petit épisode fut vite connu dans le camp et arriva même jusqu'au roi qui, chevauchant par là, voulut voir l'héroïne de Levroux.

Rodaine bien confuse fut obligée de narrer son aventure, disant que le désir de soulager sa bonne nourrice était la cause de tout et, bien entendu, ne soufflant mot de Silvain.

Philippe-Auguste souriait, il tâcha de consoler la belle enfant en lui assurant que bientôt elle rentrerait dans la ville à la suite de son armée victorieuse.

— En attendant, restez en paix chez votre nourrice, on protégera sa maison et, pour cela je vous donne une garde spéciale commandée par le brave Silvain.

Rodaine rougit beaucoup, remercia avec chaleur, et Silvain tout fier commença à remplir sa douce mission.

Le lendemain matin Rodaine put s'u-
nir de loin aux prières d'une neuvaine
que l'on faisait dans le camp français,
pour obtenir la fin de la calamité et une
pluie abondante qui pût sauver l'armée.
Aux invocations de l'Eglise chantées par
les évêques et les prêtres qui accompa-
gnaient le roi, toute l'armée mêlait sa
voix, tous les fronts se découvraient,
toutes les mains se levaient vers le ciel.
Enfin Dieu, le Dieu qui voulait conser-
ver intact le sol français et l'arracher
aux serres de l'Angleterre, Dieu se dé-
clara pour nous : un miracle vint relever
le courage de Philippe-Auguste. Le ruisseau de Sept-Fonds qui traversait le
camp et qui venait presque baigner les
remparts de Levroux, était à sec depuis
longtemps, ainsi que sa source : la fontaine de Sept-Fonds. Tout à coup, sans
qu'il survînt de pluie, l'eau sortit, du

fond de la terre, au milieu du ruisseau et de la fontaine. Elle les remplit, déborde, inonde la prairie et les champs en telle abondance que les chevaux, dit la chronique, avaient de l'eau jusqu'aux sangles (1).

Ce fut une grande joie, d'immenses cris, des vivats joyeux accueillirent la faveur céleste. Les hommes et les animaux purent se désaltérer tandis que du haut des remparts, la garnison anglaise contemplait avec stupeur ce spectacle inouï. Le ciel se prononçait donc pour les Français puisqu'il venait à leur secours et laissait la ville à ses souffrances. L'eau continua à jaillir tant que le siège dura et, après la prise de la ville, elle disparut.

(1) Usque ad cingulas equorum (Algord).

Mais le siége ne dura plus guère. Electrisée par le prodige, l'armée française fit un suprême effort ; une brèche ouvrit le rempart, le château se rendit et les Anglais furent prisonniers. Tom et William durent s'éloigner hélas!, de Levroux, emportant peu de gloire et encore moins de consolations.

Philippe-Auguste s'arrêta peu à Levroux, il courut à de nouveaux triomphes, après avoir fait élever sa bannière sur le donjon, et il donna le château et la ville à son neveu Louis, fils de Thibaud V, comte de Blois.

Rodaine ne tarda pas, après toutes les expéditions de Philippe-Auguste en Berry, à voir revenir son fiancé qui la conduisit à l'autel dans la basilique de Levroux; alors française.

La fontaine de Sept-Fonds, large

source ovale, existe toujours, donnant
naissance à la petite rivière de son nom
qui se jette dans le Nahon.

A Levroux la tradition prouve le miracle et on a transmis le souvenir jusqu'à ce jour. On prétend que la source
de Sept-Fonds est fermée par d'énormes
dàlles scellées d'anneaux de fer et que,
si on avait l'imprudence de les lever,
la ville serait submergée. — Quand
j'étais enfant, ces anneaux je les voyais
au fond de l'eau, je n'en doutais pas.
— Une année, grands furent l'émoi et
la terreur à Levroux. Il s'agissait du
curage de la rivière et de la fontaine.
N'allait-on pas creuser trop avant, dé-
ranger les dalles et engloutir la ville?
On demandait qu'au moins on n'enle-
vât pas toute la vase et qu'on n'allât
pas jusqu'aux grosses pierres. Tout se
passa au gré des peureux, il paraît;

Levroux n'a point disparu et, tout en conservant ses vieilles histoires, elle s'est embellie comme il convient dans un siècle de progrès.

LE PORTRAIT D'UN FANTOME.

Le numéro du *Clocher* en nous apportant la charmante lettre de notre rédacteur en chef, a ouvert devant ses lecteurs un horizon tout plein d'agréables perspectives et de délicieux passetemps pour l'avenir. De plus, en nous citant le peintre Hogarth, M. J. Loyseau m'a rappelé une anecdote qui a charmé autrefois tous les ateliers.

Hogarth n'a pas toujours souri en peignant, comme il a dû le faire en achevant son tableau du *Parterre en hilarité*. Voici une circonstance où il a peint... sans rire, je vous assure.

Une après-midi du mois d'octobre, le peintre William Hogarth rentré à son hôtel, se dirigea vers son atelier, en traversant son salon.

Hogarth, à l'apogée de son talent et de sa gloire, Hogarth peintre de S. M. le roi d'Angleterre, avait toutes les jouissances de la richesse et du luxe. Son salon était en même temps le salon d'un artiste et le salon d'un grand seigneur. Meublé avec une élégance rare, couvert de glaces et de riches tapisseries, il était de plus orné de tableaux de prix choisis parmi les œuvres des modèles favoris de l'artiste. Une porte donnait dans l'atelier.

Cette pièce, dans laquelle Hogarth venait d'entrer, était encombrée de bronzes, de statuettes de marbre, de gravures, de tableaux, d'ébauches et de croquis de toute sorte.

William Hogarth s'arrête d'abord quelques instants devant sa charmante composition de *Christophe Colomb cassant l'œuf.* Il semblait se complaire dans son œuvre et souriait en face de la scène qu'il avait si bien retracée. Puis il vint s'asseoir auprès de son chevalet, et une pensée pénible parut l'absorber pendant quelque temps. Son ami H. Fielding était mort à Lisbonne et, à la douleur de cette perte se joignait chez Hogarth le regret de n'avoir pas reproduit ses traits, et il en ressentait beaucoup de peine. — « La mort m'a surpris, disait-il souvent, j'avais l'intention de faire son portrait... que ne donnerais-je pas pour qu'il me fût possible de réparer une pareille négligence ! Mais faire ce portrait de mémoire est, je le sens bien, au-dessus de mes forces. »

C'est une consolation, en effet, de posséder l'image des personnes que nous aimons et que la mort nous a enlevées. Elles semblent revivre sur la toile; elles restent là avec nous, leurs yeux rencontrent les nôtres et semblent nous exprimer encore leur affection ou nous parler de choses mystérieuses et de ce monde invisible qu'elles habitent. C'étaient là les idées qui plissaient le front de William Hogarth et qui le retenaient pensif sur son fauteuil.

Enfin, chassant un regret désormais inutile, il reprit ses pinceaux et se mit à l'ouvrage. Quelques minutes après il avait oublié ses tristes préoccupations et il était tout entier à son œuvre, quand une voix sépulcrale, sortant du fond du salon, lui crie : *Hogarth, viens me peindre !*

Hogarth se retourne vivement, regarde autour de lui et reste un instant immobile, sa palette d'une main et son pinceau de l'autre... mais se croyant le jouet de son imagination.

— Est-ce que je deviens fou !... dit-il en riant, pauvre Henri ! c'est bien dommage en effet que les morts ne puissent pas sortir de leur tombe !

Et il se disposait à reprendre son travail, quand la même voix mais plus distincte et plus rapprochée s'écrie de nouveau : *Hogarth, viens me peindre !*

Alors Hogarth jette ses pinceaux et ouvre la porte du salon, mais il pâlit et recule d'effroi. Fielding est debout devant lui et le salue lentement de la main. C'étaient bien les traits, le regard, l'expression de la physionomie, la chevelure et jusqu'aux habits de son ami défunt.

— Grand Dieu !... est-ce possible ?... s'écrie Hogarth.

— Oui, mon ami, tu as désiré vivement reproduire mes traits... me voici.

— C'était aussi la voix de Fielding. Hogarth, stupéfait, restait immobile, comme s'il eût été cloué au parquet.

— Ne crains rien, mon ami, dit l'ombre de Fielding, hâte-toi de saisir mes traits. Je n'ai qu'un quart d'heure à te donner.

Et le spectre s'avance dans l'atelier; il s'arrête auprès du chevalet du peintre et, de la main, il lui fait signe de commencer.

En préparant sa toile, ses couleurs et ses pinceaux, William Hogarth s'efforça de reprendre un peu de calme et s'enhardit jusqu'à adresser la parole au défunt.

— Mais, mon ami, puisque Dieu t'a permis de sortir de ta tombe, tu dois avoir quelque chose à me dire ?... ne puis-je...

— Rien, William, rien... Je ne reparais sur la terre que pour te montrer un instant mes traits. Ne m'interroge plus.

Alors Hogarth se met à l'ouvrage avec une sorte d'exaltation fiévreuse, son imagination est surexcitée, son cœur bat avec violence, sa poitrine se gonfle et une légère sueur emperle son front. Chaque fois qu'il lève les yeux sur le fantôme, il frissonne, et les regards de l'apparition le remuent jusqu'au fond des entrailles. Enfin il achève son esquisse.

— C'est fait !... dit le spectre... je vais te quitter, William.

— Te reverrai-je, mon ami ?

— Jamais !

— Adieu donc, adieu, Fielding !

— Adieu, Hogarth !

Et l'ombre s'avance lentement vers la porte... le peintre fait quelques pas pour la suivre.

— Ne me suis pas, dit Fielding en étendant la main vers son ami... et sa voix plus profonde, plus sépulcrale,

plus solennelle encore répéta le mot :
Adieu, tandis que la porte se refermait
derrière la terrible apparition.

Hogarth se laissa aller sur un siége et
resta longtemps plongé dans une rêverie
pendant laquelle la surprise, la terreur
et le doute se disputaient sa pensée.
Mais le doute n'était pas possible : son
esquisse était là, sous ses yeux, et la
ressemblance avec Fielding était frap-
pante.

Le peintre résolut de tenir secrète son
aventure, afin de ne pas s'attirer les
railleries de ses amis. Il exposa son tableau ; tout Londres vint le voir et
reconnut Fielding. On ne pouvait assez
s'étonner que l'artiste, en peignant de

mémoire, eût atteint une ressemblance aussi complète.

Hogarth finit par avouer à quelques intimes la singulière vision qu'il avait eue, mais il n'obtint qu'incrédulité et l'on s'égaya à ses dépens.

Un jour qu'il avait réuni dans son atelier un certain nombre de personnes de sa connaissance, entre autres le fameux comédien Garrick, la conversation tomba sur Fielding et sur son portrait qu'on avait sous les yeux. Hogarth fit de nouveau le récit de son aventure. Au moment le plus sérieux, l'apparition du spectre, Garrick ne put réprimer un violent éclat de rire. Tout le monde se mit de la partie, Hogarth se fâcha presque et Garrick sortit.

Quelques instants après, une voix sépulcrale cria du salon : *Hogarth, viens me peindre !*

Tous les assistants se levèrent en riant et coururent au salon.

— Ah !... voilà pour les entêtés... disait-on, Fielding revient encore une fois.

On ouvrit la porte... Fielding était encore là et tellement reconnaissable qu'un mouvement de frayeur réprima toute cette gaîté.

Mais le fantôme s'avança en riant et tous reconnurent Garrick le comédien.

Alors le mystère s'expliqua.

Garrick ressemblait beaucoup à Fielding : il avait revêtu les habits du défunt : il avait pris son air, sa pose et sa voix, et c'était lui qui avait joué la scène émouvante de l'apparition.

Tout le monde avoua que l'illusion avait dû être complète, et Hogarth pardonna au célèbre comédien dont la ruse lui avait procuré le portrait du plus cher de ses amis.

FIN.

TABLE.

—

FIN DE LA TABLE.

Limoges. — Imp. F. F. Ardant frères.

www.ingramcontent.com/pod-product-compliance
Lightning Source LLC
LaVergne TN
LVHW022206080426

835511LV00008B/1601